完成了 貼紙　　學習完成後，可以貼在練習卷上喔！

U0015722

角落小夥伴 學習練習本

小學1·2年級 第一次的 程式設計

白熊

從北方逃跑而來,怕冷又怕生的熊。
在角落喝杯熱茶是讓他最放鬆的時光。

企鵝?

我是企鵝?對這個身分,沒有自信。
從前從前,頭上好像有個盤子……

炸豬排

炸豬排的邊邊。
1%瘦肉、99%油脂。
因為太油,而被吃剩下來……

貓

容易害羞的貓。
個性怯懦,常搶不到角落。

蜥蜴

其實是倖存的恐龍。怕被人抓,所以偽裝成蜥蜴的樣子。

和可愛的角落小夥伴們一起
練習程式編寫的邏輯以及基礎概念，
全新的學習方式可以幫助你更直覺，
像堆積木一樣的學習！

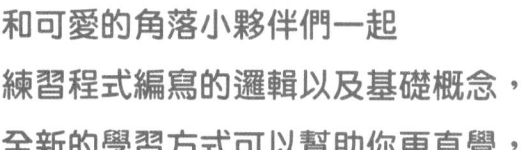

　　日本從 2020 年起，程式設計開始列入小學必修課程。
小學教學現場正處於不知如何因應的狀態。新學習指導
要領中，並不是另創一個新的學科專教程式設計，而是
融入既有學科中。但是老師們出現了許多疑問與不安，
例如：究竟要選擇在哪個學年、哪個學科、哪個單元，
融入程式設計的課程才好呢？該如何評斷學習目標呢？
一開始對程式設計或電腦就不甚了解，真的有能力好好
教學生嗎？……諸如此類。這種混亂狀況，也出現在家
庭教育中。對於學習程式設計，家庭教育應該如何因應
也充滿了不確定性。

　　練習本以程式設計的直覺式思考及程式設計的基本概
念為主，編寫出即使不用電腦也能學習的新形態程式設
計練習，不使用電腦，學習程式設計的基本概念，稱為
「不插電・程式設計」。這種「不插電・程式設計」是
預先演練學習的練習方式，不僅可以運用在學校的日常
學習中，在家也能讓家長與孩子們一同思考學習。只要
理解練習本的習題，就能理解程式的運作與便利性，以
及計算機科學發展出的資訊技術，是如何架構現今資訊
社會。

從小學開始彈性實施程式設計教學的目的，是為了讓孩子從小就懂得運用程式設計的邏輯，思考遇到的問題。程式思維是「為實現想做的一連串活動，需要組合哪些動作，對應每一個不同動作的代表符號又該如何組合？改良符號的組合後，能否改進想完成的活動？」的一種邏輯思考能力。然而，小學校園中，孩子確實需要從體驗到學會程式設計，並透過使用電腦反覆練習。因此，做完「不插電・程式設計」後，一定要再實際使用電腦，體驗程式設計。「不插電・程式設計」與「電腦・程式設計」交互利用，有助加強學習理解。換句話說，應該補充說明這是「活用不插電・程式設計的體驗學習」。

練習本設計了透過積木或猜謎遊戲等等方式，學習「順序」、「重複」、「判斷」等程式設計的基本概念。可愛的角落小夥伴全員出動，帶領大家從遊戲中，循序漸進體驗程式設計世界的奧妙。希望透過活用練習本，能延伸培養出孩子能夠主動解決身邊問題的態度，以及善用電腦建構更美好的社會。

鈴木二正

慶應義塾幼兒園教師。1995 年慶應義塾大學畢業，完成慶應義塾政策・媒體研究所碩士課程。擔任美國波士頓市近郊塔夫茨大學（Tufts University）教育工程研究所研究員後，完成慶應義塾大學政策・媒體研究所博士課程。取得博士學位（政策・媒體），擔任幼兒園班主任，活用資訊通訊技術，從事課程設計與實踐研究。專精教育資訊化與媒體智能情報領域的教育資訊學者。

練習本的使用方法

1

紀錄
書寫練習本的
日期。

2

清楚寫下答案。
不會寫的字，
可以寫注音。

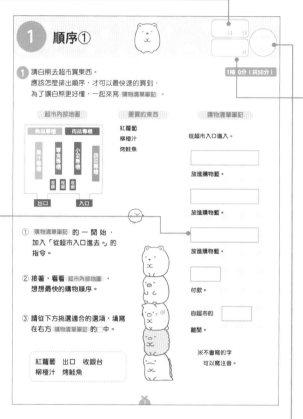

3

完成後，
交給家長
對答案，
計算分數。

4

每完成一頁練習
貼上1張
「完成了 ⬭ 貼紙」。

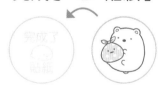

給家長

● 練習本適合低年級生，學習程式設計的思考方式。

● 解答請見第77～80頁。

● 每完成一頁，請幫小朋友對答案。

● 答錯的問題，請與小朋友一起確認錯誤的地方，好好複習。

● 多預備了一些「完成了 貼紙」的數量。多出的貼紙，歡迎自由運用。

程式的思考

順序

「順序」是程式設計的基礎之一，從開始依照步驟的順序一步接著一步進行。也稱作「循序執行」。

身邊的電子計算機

一提到「電子計算機」，馬上浮現腦海的就是電腦、手機或遊戲機吧？其實不只如此。家中的電視機、冷氣機、微波爐等等，戶外的紅綠燈、車站的進出閘門、超市或便利超商的收銀櫃檯、自動門或手扶梯……等等，也都是由電子計算機啟動。

程式設計是什麼？

電腦沒有人類下指令，是不會行動的。無論是方便的事、快樂的事，只要有了「希望電腦幫我做」的事，對電腦下的一連串指令可以構成「程式」。編寫程式的過程，就是「程式設計」。

程式編寫練習

一張張撕下角落小夥伴們的貼紙，學習正確順序的思考方法。白熊的「購物願望清單」也是學習不讓電腦做多餘動作的練習。移動角落小夥伴的問題是程式設計的基本習題。一起慢慢的、仔細的解決它吧！

「順序」的程式設計

依照步驟一步接著一步執行指令的程序，稱為「順序」。電腦會依照人類的指令做出動作。程式依序執行時，請務必確認電腦是否依照你的想法運作。

在接下來的練習題中，練習「順序」吧！

●順序

可愛的角落小夥伴貼紙，不小心黏疊在一起了。
該從誰的貼紙開始撕下來呢？
請依撕下貼紙的先後順序寫下角落小夥伴的姓名。

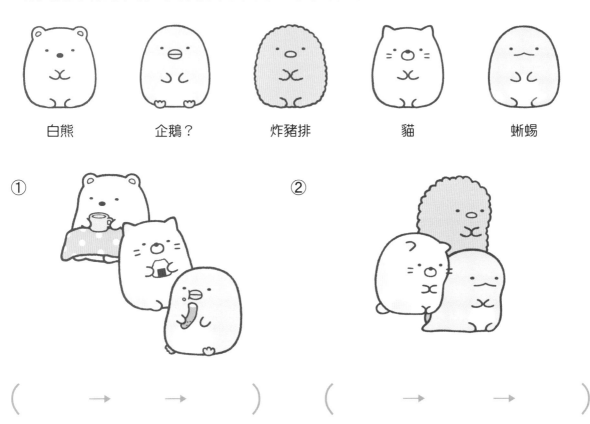

| 白熊 | 企鵝？ | 炸豬排 | 貓 | 蜥蜴 |

①

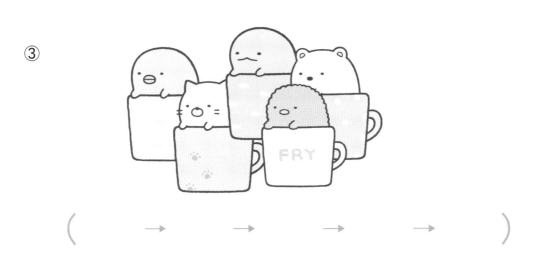

(⟶ ⟶)   (⟶ ⟶)

③

(⟶ ⟶ ⟶)

月 日
分
完成了貼紙

1 請白熊去超市買東西。
應該怎麼排出順序，才可以最快速的買到？
為了讓白熊更好懂，一起來寫 購物清單筆記 。

1格10分（共50分）

超市內部地圖

魚品專櫃　肉品專櫃

果汁專櫃　零食專櫃　小菜專櫃　蔬菜專櫃

收銀　收銀　收銀

出口　　　　入口

要買的東西

紅蘿蔔
柳橙汁
烤鮭魚

購物清單筆記

從超市入口進入。

☐

放進購物籃。

☐

放進購物籃。

☐

放進購物籃。

☐

付款。

自超市的 ☐

離開。

① 購物清單筆記 的一開始，
加入「從超市入口進去。」的
指令。

② 接著，看看 超市內部地圖 ，
想想最快的購物順序。

③ 請從下方挑選適合的選項，填寫
在右方 購物清單筆記 的☐中。

紅蘿蔔　出口　收銀台
柳橙汁　烤鮭魚

※不會寫的字
可以寫注音。

2 從企鵝？所在的起點出發，前往終點吧。
從　指令清單　挑選出企鵝？的行動，
依序寫在 ☐ 中。

1格7分（共35分）

※ 前後左右的順序，試著不是從自己的視角，而是從
角落小夥伴的視角決定。

指令清單

前進。
右轉。
左轉。

3 從蜥蜴所在的起點出發，前往終點。
從　指令清單　挑出適合的指令，將蜥蜴的行動，
依序寫在 ☐ 中。

1格5分（共15分）

※ 前後左右的順序，試著不是從自己的視角，而是從
角落小夥伴的視角決定。

指令清單

前進。
右轉。
左轉。

月	日
分	完成了 貼紙

1 請幫助白熊沿 ➡ 路徑到達西瓜所在的地方。
從 **指令清單** 中挑選指令，依序將白熊的動作，
填寫在 ☐ 中。

1格10分（共70分）

※ 前後左右的順序，試著不是從自己的視角，而是從
角落小夥伴的視角決定。

指令清單

前進。
右轉。
左轉。

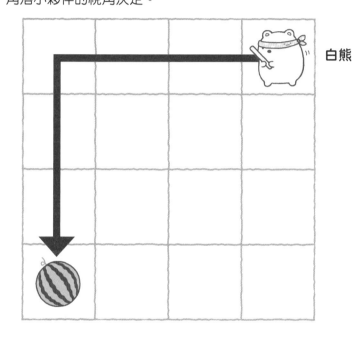

白熊

2 麻雀依照指令前進的話，
會抵達Ⓐ或Ⓑ呢？

15分

※ 前後左右的順序，試著不是從自己的視角，而是從
角落小夥伴的視角決定。

前進。
左轉。
前進。
右轉。
前進。

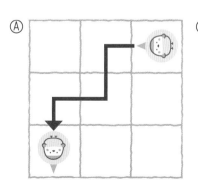

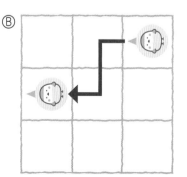

 答案 ☐

3 粉圓依照指令前進的話,路線會是Ⓐ或Ⓑ呢?

※ 前後左右的順序,試著不是從自己的視角,而是從
　角落小夥伴的視角決定。

前進。
前進。
左轉。
前進。
前進。

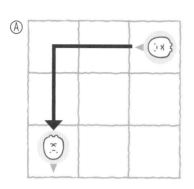

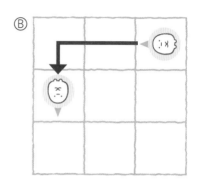

答案

在電腦上練習程式編寫「順序」吧!

Scratch的畫面

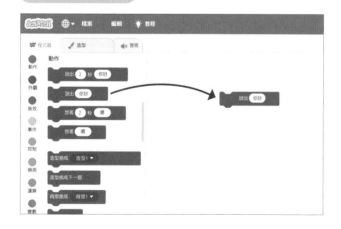

「順序」的指令畫面

Scratch 是一個可以練習程式設計的平台。因為需要電腦,所以練習完這個練習本後,可以詢問一下家人。
Scratch 中,指令稱為「Script」。

順序程式設計中,將下達指令的 Script 穿插排列在其中。Script 會由上而下依序執行。

※Scratch畫面為示意圖。

程式的思考

重複

「重複」指的是，反覆執行一個或多個指令。也稱作「迴圈」，將同一個或多個指令運用，以迴圈整合起來，讓程式更容易閱讀與理解。

同一個指令做100次？

將「前進 100 步」的命令程式設計化。

「前進」
「前進」
「前進」
……
像這樣連續 100 次，指令就會長達 100 行呢。

「重複」程式設計

若以「重複」的結構，重新編寫程式的話……

「以下重複 100 次」
「前進」

竟然只需要 2 行就能完成程式編寫。是不是更簡單明瞭呢？

程式編寫練習

首先，觀察並發現「重複」的模式是很重要的。仔細看排列在一起的粉圓或貝殼等等，從哪裡到哪裡是重複的，仔細的找出來。在移動角落小夥伴們的問題中，也要留意角落小夥伴們「頭朝哪個方向」喔。祕訣是在腦中想像角落小夥伴的動作。

「重複」結束

像這樣「重複 100 次」、「重複執行」程式編寫時，在什麼情況發生時，就要結束「重複」指令是必要的。當然，也有「持續重複」的指令。

在接下來的程式編寫練習題中，練習「重複」吧！

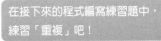

●重複

遵照規則，整齊排列的粉圓們。

☐內的粉圓應該是什麼顏色的呢？

解法

●「粉色、藍色、粉色、黃色……」一個一個仔細確認，找出重複處。

●重複處，區隔後請畫斜線。

〈例〉

●檢查沒有 ☐ 的重複、有 ☐ 的重複，想想看 ☐ 裡應該是什麼顏色的粉圓。

答案

3 重複①

 幫蜥蜴仔細檢查海洋角落小夥伴的排列規則。 `25分`

□裡應該是誰呢？請在答案□中，填入選項數字。

① 　② 　③ 　④ 　⑤ ☆

蜥　蜴

答案 □

 幫白熊仔細檢查貝殼與海星的排列規則。 `25分`

□裡應該是誰呢？請在答案□中，填入選項數字。

① 　② 　③ 　④ ☆　⑤

白　熊

答案 □

3 貝殼依照  的順序排列。

重複3次的話，正確的順序是①～③中的哪一個？

①

②

③

答案

4 海洋角落小夥伴們依序 排列。

重複2次的話，正確的順序是①～③中的哪一個？

①

②

③

答案

4 重複②

1 白熊從起點往目的地移動。 `10分`

在 □ 中，填入數字。

※前後左右不是依你看到的方向決定，而是要寫下角落小夥伴看到的方向。

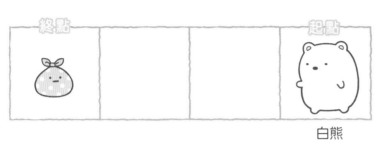

↓要重複 □ 次。

前進。

白熊

2 蜥蜴從起點往目的地移動。 `1題20分（60分）`

請從 `指令清單` 中選出蜥蜴的行動順序，

寫在 □ 中。

※前後左右不是依你看到的方向決定，而是要寫下角落小夥伴看到的方向。

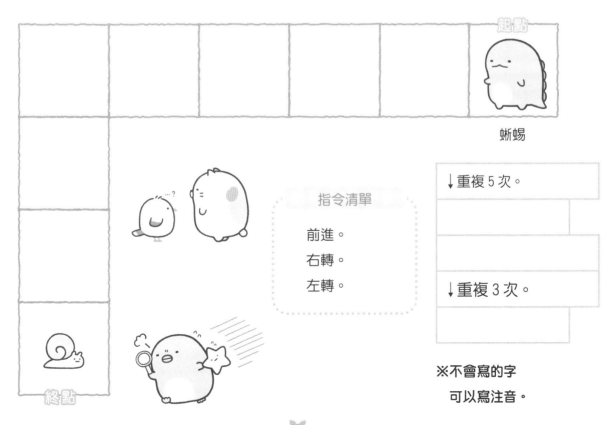

指令清單

前進。
右轉。
左轉。

↓重複 5 次。

↓重複 3 次。

蜥蜴

※不會寫的字
可以寫注音。

3 粉圓依指令移動,
前進方式是①、②哪一個?

※前後左右不是依你看到的方向決定,而是要寫下角落小夥伴看到的方向。

| ↓ 重複 2 次。 |
| 前進。 |
| 左轉。 |
| ↓ 重複 2 次。 |
| 前進。 |
| 右轉。 |

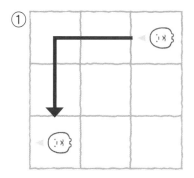

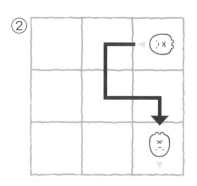

答案 [　　]

在電腦上練習程式編寫「重複」吧!

「重複」的指令畫面

①重複指定次數

在重複迴圈中,輸入指定的次數,執行重複。

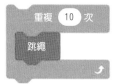

②重複至某條件

連續不斷重複執行迴圈內的指令,一直到某個條件發生時,就結束重複。

③持續重複

連續不斷重複執行迴圈內的指令,又稱為「無限迴圈」。

※Scratch畫面為示意圖。

判斷

「判斷」指「依條件分類」。根據條件，決定要執行或不執行某個動作。

「判斷」是什麼？

「明天放晴的話，就去公園」、「明天下雨的話，去圖書館」，或是「如果沒有巧克力口味，就買香草口味的冰淇淋」等等，生活中也常常會發生因不同的條件判斷，決定執行不同的行為。

程式編寫的基礎

依序執行的「順序」與重複同一動作的「重複」，可以依照「判斷（分類）」組合成更複雜的程式讓電腦來執行。「判斷（分類）」也是程式編寫很重要的基礎。

程式編寫練習

接下來的練習題是在角落小夥伴的插圖中，找出符合條件判斷的問題，首先要學習什麼是「條件」。在角落小夥伴換裝的問題中，根據條件設定，應該要怎麼做呢？其中，粉圓的糖果遊戲，雖然有點困難，還是請努力的仔細想一想喔！

「判斷」的程式編寫

像這樣「如果～就」「如果沒有～就」依照不同條件，讓電腦執行動作，就稱之為「判斷（分類）」的程式編寫。「順序」、「重複」是由上而下依序執行指令，但是「判斷」會在過程中，出現數個不同的情況，讓電腦作決定。

在接下來的練習題中，練習「判斷」吧！

⬤ 判斷

下方 Ⓐ ～ Ⓒ 的插圖中，符合全部「條件」的是誰？

┄┄┄┄ 條件 ┄┄┄┄

⬤ 有粉圓（粉色）。

⬤ 有炸蝦尾。

⬤ 貓是清醒的。

⬤ 有雜草。

粉圓（粉色）　　炸蝦尾　　　貓　　　雜草

Ⓐ

Ⓑ

Ⓒ

①符合「⬤ 有粉圓（粉色）。」的有Ⓐ和Ⓒ。

②符合「⬤ 有炸蝦尾。」的有Ⓐ、Ⓑ和Ⓒ。

③像這樣，符合與不符合的條件一一比對，
　找出全數符合的選項。

哇－

答案

5 判斷①

1 下方 Ⓐ～Ⓒ 的插圖中，符合全部「條件」的是誰？ 　1 題 20 分（40 分）

① 　　　　　條件
● 有蜥蜴。
● 有白熊。
● 企鵝？正在讀書。

蜥蜴　　白熊　　企鵝？

Ⓐ
Ⓑ
Ⓒ

答案 ☐

② 　　　　　條件
● 有粉圓（粉色）。
● 有 4 個粉圓（黃色）。
● 有飛塵。

 粉圓　　飛塵

Ⓐ
Ⓑ
Ⓒ

答案 ☐

2 白熊以抽籤決定要穿什麼衣服。

抽中 就穿 。

抽中 就穿 。

抽中 就穿 。

抽中 什麼都不穿。

Ⓐ 　　Ⓑ 　　Ⓒ 　　Ⓓ

①抽中 白熊要穿哪一件衣服呢？請寫下代號。

答案

②抽中 白熊要穿哪一件衣服呢？請寫下代號。

答案

③抽中 白熊要穿哪一件衣服呢？請寫下代號。

答案

④抽中 白熊要穿哪一件衣服呢？請寫下代號。

答案

1 角落小夥伴們上超市採買。

- ● 如果有賣美味的小黃瓜，就買小黃瓜。
- ● 如果有賣炸物，就買檸檬。
- ● 如果衛生紙比平常還貴，就不買。
- ● 如果有賣果凍，就買跟來玩的朋友人數一樣多的果凍。

觀察下圖採買完的角落小夥伴們。對照下方題目敘述，如果正確請畫○，如果錯誤請畫Ⅹ，不清楚則請畫△。

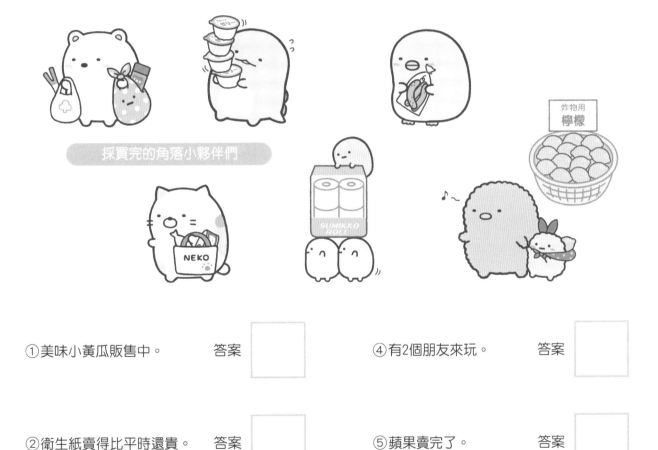

採買完的角落小夥伴們

① 美味小黃瓜販售中。　　答案 ☐

④ 有2個朋友來玩。　　答案 ☐

② 衛生紙賣得比平時還貴。　答案 ☐

⑤ 蘋果賣完了。　　答案 ☐

③ 小黃瓜大減價。　　答案 ☐

⑥ 沒賣炸物。　　答案 ☐

2 角落小夥伴們正在玩尋寶遊戲。

● 格子裡沒有出現粉圓的話，繼續前進。

● 遇到粉圓（黃色），向右轉。

● 遇到粉圓（藍色），向左轉。

● 遇到粉圓（粉色），前進2格。

最後取得寶物的是誰？

答案

※ 前後左右的順序，試著不是從自己的視角，而是從
角落小夥伴的視角決定。

企鵝？

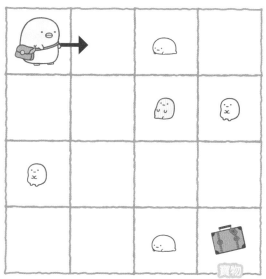

蜥蜴

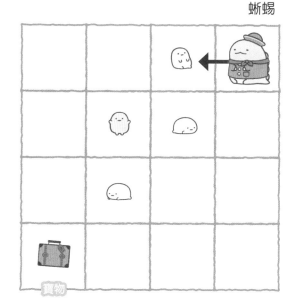

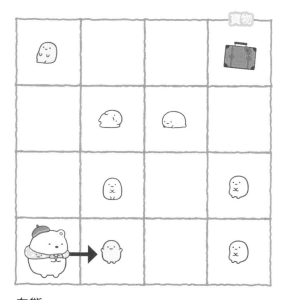

白熊

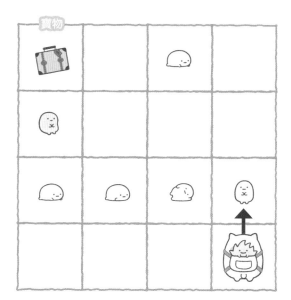

貓

判斷③

1 粉圓們正在玩遊戲。

粉圓們每次 2 顆一起從杯子跳出來。

每小題 25 分（100 分）

● 如果跳出來的是2顆粉圓（粉色），可以得到糖果。

● 如果跳出來的其中只有1顆粉圓（粉色），可以得到
巧克力。

● 如果跳出來的沒有粉圓（粉色），什麼都得不到。

① 右方的粉圓組合，
可以得到什麼？

答案

② 右方的粉圓組合，
可以得到什麼？

答案

與

③ 下方的粉圓組合，
可以得到個幾個糖果與巧克力呢？

答案　　糖果　　　顆　　巧克力　　　個

23

④ 玩遊戲得到 1 顆糖果和 1 個巧克力。
跳出來的粉圓組合,正確的是哪一個呢?
請寫下代號。

Ⓐ

Ⓑ

Ⓒ

Ⓓ

答案 ☐

在電腦上練習程式編寫「條件判斷」吧!

「控制」的指令畫面

①符合設定條件時

右側的 Script 使用到左方的「判斷」工具。
在「如果」旁的六角型欄位內描述條件,在下方編寫此條件發生時,要執行的指令。

②不符合設定條件時

右側的 Script 使用到左方的「判斷」工具。
「條件判斷」的 Script 中,可以再加入另一個「條件判斷」的 Script。

一起來用判斷玩遊戲①
「這是誰的說明呢？」連連看

1 下列是關於角落小夥伴們的說明文字。
各自對應哪個角落小夥伴呢？
請將說明文字連線到正確的角落小夥伴吧！

① ・拿著氣球或照相機。
　・包包斜斜掛在身上。
　・戴著帽子。

② ・沒拿氣球。
　・揹著背包。
　・沒戴帽子。

③ ・拿著氣球或書本。
　・沒帶包包。
　・戴著帽子。

④ ・拿著氣球或照相機。
　・包包沒有斜斜掛在身上。
　・戴著帽子。

⑤ ・拿著氣球或照相機。
　・沒揹著後背包。
　・沒戴帽子。

祕密規則是什麼呢？

1 下方是可愛的角落小夥伴壁紙。

心裡偷偷設定一個規則，讓一起玩的家人或朋友手指任一角落小夥伴，

符合你設定的規則就說「答對」，

不符合你設定的規則，就說「答錯」。

試試看家人或朋友，多久會猜到你設定的規則是什麼。

規則範例

- 在杯子裡
- 沒在杯子裡
- 1位。
- 2位。
- 有4個。
- 白熊。
- 貓。
- 企鵝？。
- 炸豬排。
- 蜥蜴。
- 粉圓。

時序

進行 2 個動作時，常一邊在動作時，另一邊則在「等待」。

只有「順序」不行嗎？

如果程式只依序執行「順序」，有時不能順利運作。是因為有 2 個以上的交互動作，需要同時執行指令。當一邊的動作還未結束時，如果另一邊還不能動作的話，就需要「等待」的指令來控制。

「時序」程式編寫①

舉例來說，搗麻糬時，負責搗的人向下揮杵時，要等待翻麻糬的人手離開。而翻麻糬的人要等待杵從麻糬離開高舉時再伸手翻動。這個「等待」的指令就是為了控制「時序」。

程式編寫練習

為了讓程式順利運作，試著輸入「等待」指令解決問題。即使指令的順序是正確的，有時可以直接執行下一個指令，有時先等待再執行下一個指令會更好。請仔細思考執行上的交互作用。

「時序」程式編寫②

自助餐餐廳中的各式菜色羅列，大家依序拿取自己喜愛的菜色，後方的人只能等排在前面的人先拿食物。如果因為自己喜愛的菜色前沒人，就直接超車去拿取，取餐的隊伍就會變得亂七八糟。

在接下來的練習題中，練習「時序」吧！

●時序

幽靈正在打掃房子。

幽靈

● 飛塵由上而下慢慢落下來。
● 一開吸塵器，飛塵就四處飛舞。
● 地板上的飛塵，需要用抹布才能擦得乾淨。
● 比起飛塵，吸塵器吸大一點的垃圾效果比較好。

仔細讀讀上方的說明，將 ▢▢▢▢ 中的動作清單
按照清除飛塵和垃圾最乾淨的順序，依序排列。

使用吸塵器／用抹布擦地板／整理地板／等飛塵落下來

答案

① [   ]   ② [   ]

③ [   ]   ④ [   ]

8 時序①

月　日

完成了
貼紙

分

① 企鵝（真正的）挖好冰淇淋，放在企鵝？手拿的杯子上。
要設定「等待」指令的地方應該是Ⓐ～Ⓓ哪個時間點？
選兩個，在解答處寫下答案。

1 題 10 分（20 分）

企鵝（真正的）

拿著冰杓。

Ⓐ

挖冰淇淋。

Ⓑ

把冰淇淋放在杯子上。

企鵝？

手拿冰淇淋杯。

Ⓒ

遞出冰淇淋杯。

Ⓓ

交給客人。

答案 ☐ ☐

② 炸豬排分了一口冰淇淋給蜥蜴。
要設定「等待」指令的地方應該是①～④哪個時間點？
選兩個，在解答處寫下答案。

1 題 10 分（20 分）

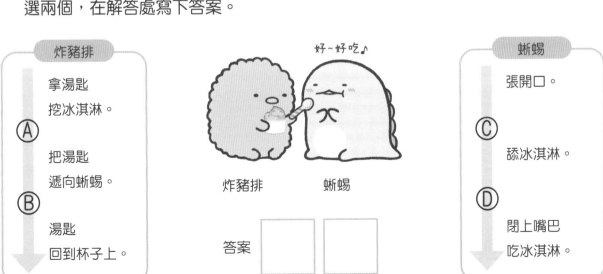

炸豬排

拿湯匙挖冰淇淋。

Ⓐ

把湯匙遞向蜥蜴。

Ⓑ

湯匙回到杯子上。

好~好吃♪

炸豬排　　蜥蜴

蜥蜴

張開口。

Ⓒ

舔冰淇淋。

Ⓓ

閉上嘴巴吃冰淇淋。

答案 ☐ ☐

2 角落小夥伴們一起玩便當店家家酒。

客人從 1～5 依序擺在桌上的飯糰或小菜之中，
選擇喜愛的餐點，裝進角落小夥伴便當裡。

1	2	3	4	5
裝入 飯糰	裝入 玉子燒	裝入 炸魚	裝入 熱狗	裝入 沙拉

Ⓐ 不敢吃玉子燒，所以不裝的人

Ⓑ 飯糰用海苔包好，玉子燒要剛做好的，炸魚淋上醬汁，
再追加烤魚的人

Ⓒ 只要裝沙拉的人

①開始裝便當，最花時間的是Ⓐ～Ⓒ 哪一位客人？　　　　答案 ☐

②最不花時間的是Ⓐ～Ⓒ 哪一位客人？　　　　答案 ☐

③客人怎麼排列，可以最快速出餐，讓隊伍可以不要排太長呢？請填寫順序編號。

答案 ☐ → ☐ → ☐

9 時序②

月　日

完成了
貼紙

分

1️⃣ 只能單人通行的道路上，企鵝？與貓正在散步。

如果要維持不相撞，能夠繼續前進的話，

企鵝？與貓一定要在廣場錯身而過。

請從 指令清單 選出給企鵝？的指令與給貓的指令，

依照正確順序，寫在 □ 中。

1題5分（60分）

企鵝？

廣場

貓

貓

前進到 ☐☐☐☐ 之前。

在企鵝？進入 ☐☐☐☐

之前 ☐☐☐☐

在企鵝？進入 ☐☐☐☐

之後 ☐☐☐☐

☐☐☐☐ 這個動作

指令清單

廣場

等待

重複

起步走

※不會寫的字
可以寫注音。

企鵝？

前進到 ☐☐☐☐ 之前。

在貓進入 ☐☐☐☐

之前 ☐☐☐☐

在貓進入 ☐☐☐☐

之後 ☐☐☐☐

☐☐☐☐ 這個動作

2 角落小夥伴們與粉圓依照➡指示路線，1秒走1格。

粉圓在前進到目的地途中，與角落小夥伴交會時，

角落小夥伴必須在格子內等待到對方離開為止。

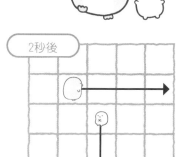

〈例〉企鵝？需要等待的時間是

第幾秒開始到第幾秒之後呢？

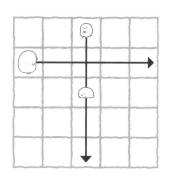

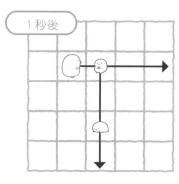

1 秒後

開始等待。

2秒後

通過之後，第3秒後可以行動。

答案　| 1 |　秒後開始　到　| 2 |　秒後

①白熊需要等待的時間是

第幾秒開始到第幾秒之後呢？

②貓需要等待的時間是

第幾秒開始到第幾秒之後呢？

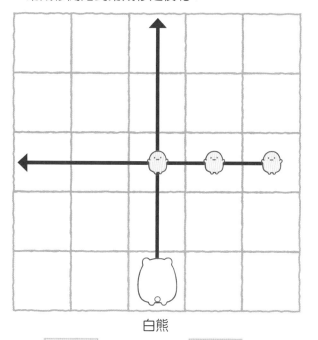

白熊

答案 | |　秒後開始　到　| |　秒後

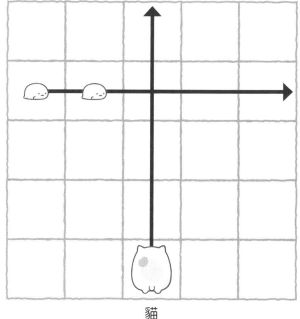

貓

答案 | |　秒後開始　到　| |　秒後

給
家長

程式的思考

演算法（Algorithm）

讓電腦能夠按照指示的步驟，依照次序正確而快速執行的
方法，稱為「演算法」。

「演算法」是什麼？

事實上，命令電腦的「程式」，有各式各樣不同的內容。為了達成目的，選擇哪一個程式，使用在哪一台電腦上的「方法」或「程序」，就稱為「演算法」。

合理的程式①

家裡的人拜託我「去買紅蘿蔔」時，目的是「把買到的紅蘿蔔交給家人」。方法有「去超市購買」、「去超商購買」、「去菜市場購買」等各種不同方法。這就是「演算法」。選擇符合「距離近」、「便宜」、「好吃」等等目的的方法最恰當。

合理的程式②

做一件事時，有時會繞遠路，有時會做一些不做也可以的事，徒勞的重複做，不只浪費時間，還很累人吧。電腦也是這樣。「演算法」的目的，就是：要找出一個正確、不浪費時間，加速完成的合理方式。

程式編寫練習

遇見角落小小夥伴們的路線題型，可以讓我們思考怎樣的走法是合理的。在格子前進題型中，仔細確認，找出最少的移動前進方法。排列方式就是「演算法」的典型問題。

在接下來的練習題中，
練習「演算法」吧！

● 演算法

角落小夥伴們把蜂蜜蛋糕切成10份。

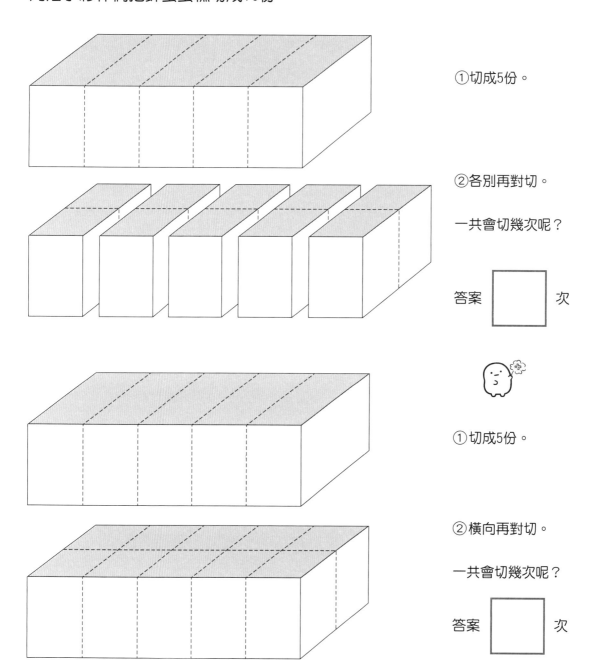

①切成5份。

②各別再對切。

一共會切幾次呢？

答案 ☐ 次

①切成5份。

②橫向再對切。

一共會切幾次呢？

答案 ☐ 次

按照這個方法，切的次數就可以減少呢。
這個程序就是所謂的「演算法」。

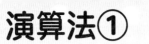

1 從炸豬排前往貓所在地，途中需要先通過角落小小夥伴。
必須沿著➡的方向前進。
前進方法一共有幾條路線呢？

`25分`

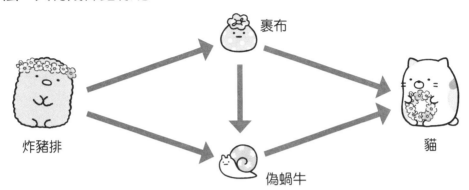

裏布

炸豬排

貓

偽蝸牛

提示　從炸豬排開始出發，有2條路線。
裏布開始出發，可以直接連結到貓。
接著請思考從裏布前進到偽蝸牛之後的路線。

答案 ☐ 條

2 從蜥蜴前往企鵝？所在地，途中需要先通過角落小小夥伴。
必須沿著➡的方向前進。
前進方法一共有幾條路線呢？

`25分`

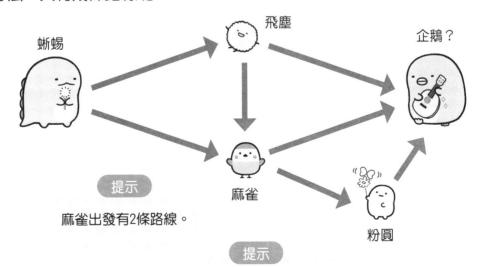

蜥蜴

飛塵

企鵝？

麻雀

粉圓

提示

麻雀出發有2條路線。

提示

粉圓出發有1條路線。

答案 ☐ 條

3 從白熊前往企鵝(真正的)所在地，途中需要先通過角落小小夥伴。 `25分`
必須沿著➡的方向前進。
選擇一個可以遇到最多角落小小夥伴的路線，
把路線畫出來。

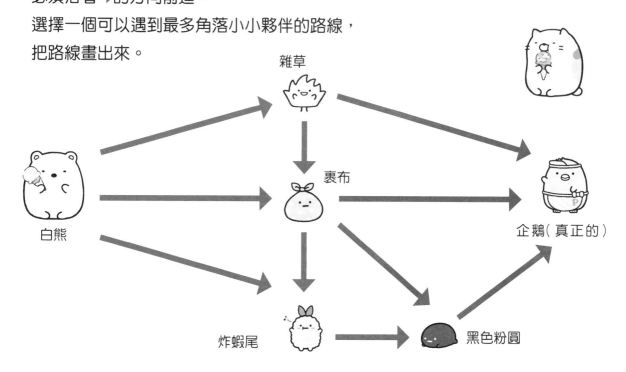

4 從蜥蜴前往蜥蜴(真正的)所在地，途中需要先通過角落小小夥伴。 `25分`
必須沿著➡的方向前進。
選擇一個可以遇到最多角落小小夥伴的路線，
把路線畫出來。

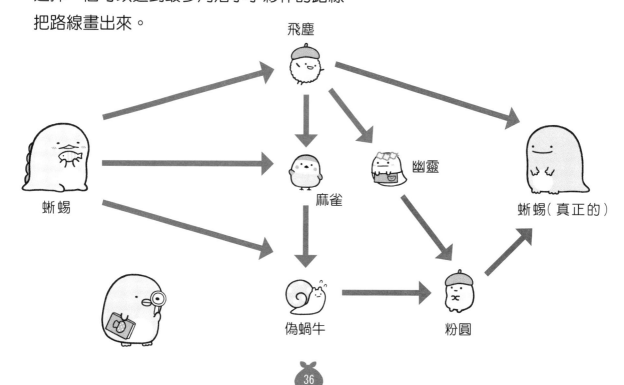

〈例〉雜草前進到貓所在地。■表示此路不通。

不可以重複到同一個格子。途中需要通過所有的 🍀 。

找出最短前進距離。

※ 前進方向不是從角落小夥伴的視角，
　而是以你的自己的視角決定。

答案　右 右 下 右 右 右

1 偽蝸牛前進到蜥蜴所在地。■表示此路不通。　30分

不可以重複到同一個格子。途中需要通過所有的 🍀 。

找出最短前進距離。

答案

蜥蜴

2 炸蝦尾前進到炸豬排所在地。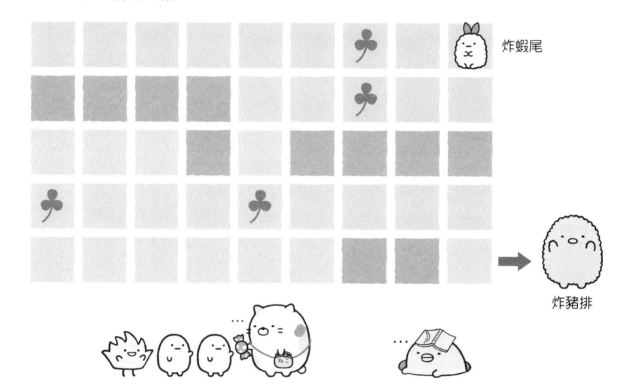 表示此路不通。 `30分`

不可以重複到同一個格子。途中需要通過所有的 ♣ 。

請畫出最短前進距離。

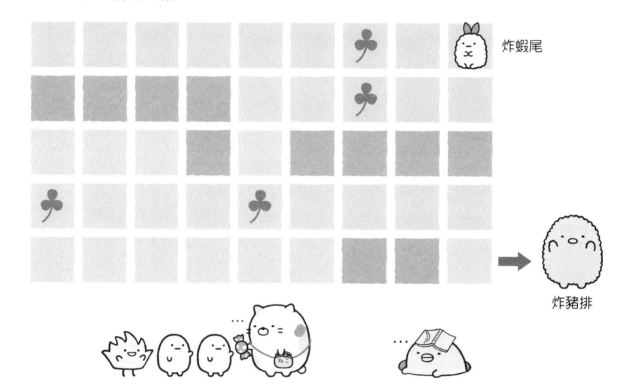

炸蝦尾

炸豬排

3 麻雀前進到飛塵所在地。 表示此路不通。 `40分`

不可以重複到同一個格子。途中需要通過所有的 ♣ 。

請畫出最短前進距離。

麻雀

飛塵

1 角落小夥伴們正在比誰長得比較高，個子小的排前面。

最前面的人和後面的比身高，個子高的往後走。

如果有比你高的人，就不用再往後走。

1 小題 7 分（28 分）

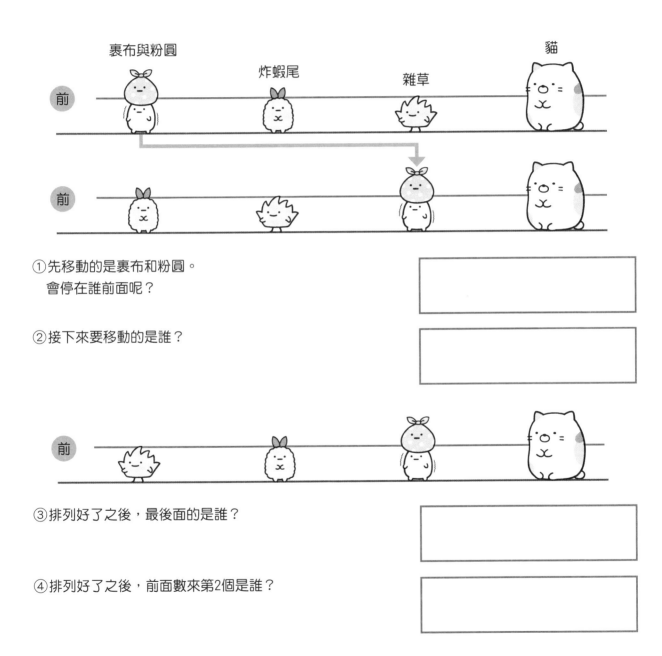

① 先移動的是裹布和粉圓。
會停在誰前面呢？

② 接下來要移動的是誰？

③ 排列好了之後，最後面的是誰？

④ 排列好了之後，前面數來第2個是誰？

★ 這種排序方式，稱為「泡泡排序」。
像泡泡（Bubble）浮上水面過程，一個接著一個調整排序。

2 角落小夥伴們正在比誰長得比較高，個子小的排前面。
怎麼做可以早一點排完？
由前面開始2人一組，個子小的就往前進。

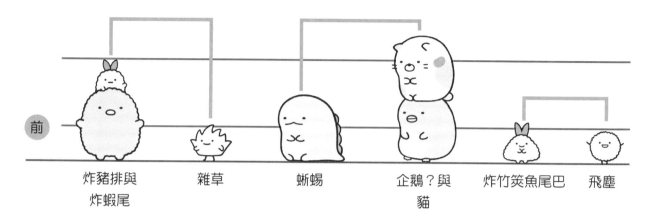

| 前 | 炸豬排與
炸蝦尾 | 雜草 | 蜥蜴 | 企鵝？與
貓 | 炸竹筴魚尾巴 | 飛塵 |

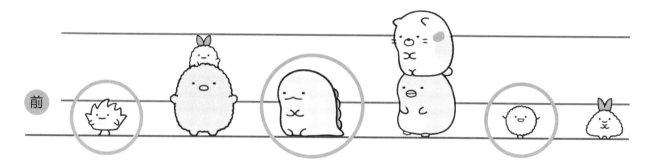

① 往前走，雜草、蜥蜴、飛塵比身高。
由前而後的順序為何？

的排序

② 往後移動，炸豬排與炸蝦尾、企鵝？與貓、炸竹莢魚尾巴比身高。
由前而後的順序為何？

的排序

③往前走的群組與往後走的群組中，互比身高。

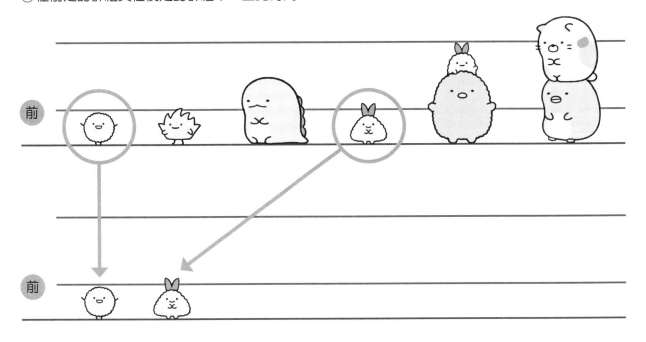

群組前頭的飛塵、炸竹筴魚尾巴互比身高，飛塵往前移動。
群組剩下的雜草、炸竹筴魚尾巴再互比身高。
重複比身高。

④個子小的往前排完後，由前而後，把名字寫在下方。

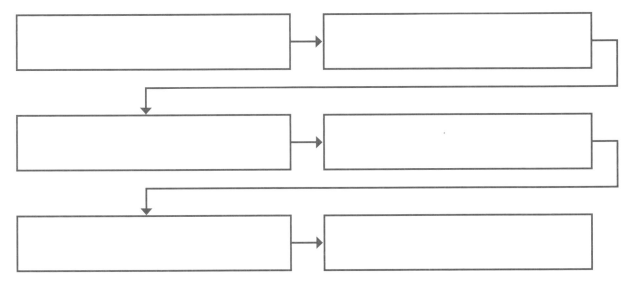

★這個比較排序方式，稱為「合併排序」。
　將要對比的東西分成2組，
　前頭的互相比較，調整排列順序。

一起來玩演算法
用什麼方法分類呢？

●角落小夥伴們幫便當配菜分類。
請寫下符合下方「類別」的配菜名。

①綠花椰菜

②水煮蛋

③醬汁

④炸魚

⑤海苔飯糰

⑥蘋果

⑦香鬆飯糰

⑧熱狗

⑨裝飾葉

⑩玉子燒

⑪醬油

⑫黃芥末

⑬紅蘿蔔

⑭小黃瓜

⑮鹽

⑯烤魚

⑰小番茄

⑱小旗

蔬菜配菜	調味料	紅色的	不能吃的東西

魚類配菜	飯糰	蛋類配菜

42

有條件的重複

在符合某條件，或是達到某條件為止，進行「重複」的指令。

「重複」的條件

「重複跳繩 10 次」、「重複跳繩 5 分鐘」，決定了次數或時間等重複的條件之外，「重複跳到鈴聲停止」、「重複跳到朋友來為止」等等，設定更多各式不同的條件之後，就能進行「重複」的指令。

「重複」的指令

重複同一個指令時，決定「重複數次」、「一直重複」等等，再決定繼續重複或不再重複的條件。這樣的話，達到希望停止的次數或時間，指令就會停止，行動就會終止。

程式編寫練習

在「練習題」中，想想要重複什麼、哪一個符合結束重複的條件。「有條件的重複①②」中，練習要如何設定符合條件的指令文字，或從羅列的事物中，推敲出指令。

沒設定條件就無法做到的事

例如：重複「手帕對折」的指令。手帕會越摺越小，最後根本沒辦法再摺下去。但是如果只要能裝進包包裡的尺寸就可以的話，加入一個「摺得比包包尺寸小一點為止」設定，這個指令就能被執行。

在接下來的練習題中，練習「有條件的重複」吧！

●有條件的重複

角落小夥伴們一起做壽司。

① 製作醋飯

② 剪海苔

③ 放上飯與配料

④ 捲捲捲

⑤ 完成

①～⑤中，重複的是
②、③與④。
重複「做壽司」。

重複「做壽司」，到什麼時候必須要結束。
下方哪一個狀況會是結束的條件呢？選出3個寫下來。

①飯匙變多。
②醋飯沒了。
③多剪一些海苔。
④海苔沒了。
⑤蜥蜴來了。
⑥追加配料。
⑦配料沒了。

答案 ☐ ☐ ☐

13 有條件的重複①

1 白熊採了一籃子的大蘑菇。
籃子裝得滿滿的才停止摘蘑菇。
為了讓白熊正確的完成採蘑菇，來寫張紙條吧！

請從下方 中挑選適合的文字，
寫一張正確的紙條。

①拿籃子去森林。

② 　　　　　　　　　　　　　　之前，

　　　　　　　　　★與☆。

★不採小蘑菇。
☆採了大蘑菇，放到籃子裡。

裝滿籃子
採 10 朵
裝滿半籃
重複
停止

※不會寫的字
　可以寫注音。

③ 　　　　　　　　　　　　　　之後，

停止採蘑菇。

2 蜥蜴只撿紅蘋果，放到籃子裡。

籃子裡放滿10顆蘋果後，就停止撿蘋果。

為了讓蜥蜴正確的完成撿蘋果，來寫張紙條吧！

請從下方　　　中挑選適合的文字，
寫一張正確的紙條。

①帶著籃子去撿蘋果。

② [　　　　　　　　　　] 之前，

　[　　　　　　] ★與☆。

　　★撿蘋果放到籃子裡。
　　☆不撿青蘋果。

③ [　　　　　　　　　　] 之後，

　[　　　　　]

装滿籃子
籃子裡裝 10 顆蘋果
装滿半籃
重複
停止

46

14 有條件的重複②

下方隊伍由左往右排列。
在達成某條件下，停止重複。
選出所有的符合條件，寫下數字。

20分

黑色粉圓

①黑色粉圓達到 3 個為止，持續重複。
②睡著的粉圓達到 4 個為止，持續重複。
③粉圓達到 11 個為止，持續重複。
④站立的粉圓達到 4 個為止，持續重複。

答案 [　　　　　]

下方隊伍由左往右排列。
在達成某條件下，停止重複。
選出所有的符合條件，寫下數字。

20分

①蘋果達到 3 顆為止，持續重複。
②蘋果、蘑菇、橡果重複 4 次。
③橡果達到 4 個為止，持續重複。
④蘑菇達到 8 個為止，持續重複。

答案 [　　　　　]

47

3 下方隊伍由左往右排列。　20分

在達成某條件下，停止重複。

選出所有的符合條件，寫下數字。

①小黃瓜壽司達到 2 個為止，持續重複。

②蛋壽司達到 4 個為止，持續重複。

③紅色壽司達到 5 個為止，持續重複。

④有海苔的壽司達到連續 3 個為止，持續重複。　答案

---

4 下方隊伍由左往右排列。　20分

在達成某條件下，停止重複。

選出所有的符合條件，寫下數字。

①飛塵、裹布、偽蝸牛、貓罐重複 4 次。

②貓罐達到 3 個為止，持續重複。

③偽蝸牛達到 4 個為止，持續重複。

④茶壺達到 2 個為止，持續重複。　答案

---

5 下方隊伍由左往右排列。　20分

在達成某條件下，停止重複。

選出所有的符合條件，寫下數字。

①小番茄達到 4 個為止，持續重複。

②飯糰達到 2 個為止，持續重複。

③水煮蛋、小番茄的排列組合達到 2 次為止，持續重複。

④蔬菜配菜達到 1 個為止，持續重複。　答案

壓縮・保持不變

有效利用電腦裡儲存的資料數據和空間，整合重複的指令（壓縮），
用來確保物品的溫度與速度所運作的程式。

程式編寫練習

「壓縮①」中，重複指令以數字代表，可以讓指令更短。
「壓縮②」中的問題，可以了解實際應用在文字檔的做法。一邊玩文字遊戲，一邊仔細檢查看看。

壓縮的方法

電腦記憶資料數據的空間是有限的，所以資料數據盡可能壓縮，會更有效率。為了達到這個效果，程式編寫可以整合重複的部分，壓縮資料數據。尤其是 text deta（文字檔）中壓縮相同文字，更容易理解。

室溫或水溫等溫度設定

電腦程式設計，可以取得現在的溫度和速度等資料，迅速達到目標設定的溫度或速度，並維持恆溫、定速。像是冷氣的溫度設定、水箱水溫的溫度調節等等。因為回到室溫或水溫的數據做原因調節，所以稱為「反饋控制」。

程式編寫練習

「練習題」中，透過調整傾斜的問題，獲得基礎的理解。「⑰保持不變」中，仔細思考如果要維持往前進，方向盤應該要往哪一邊轉，或是為了維持固定的水溫，應該在何處拉高水溫。

在接下來的練習題中，
練習「壓縮」、「保持不變」吧！

●壓縮

角落小夥伴小夥伴小夥伴小夥伴

★ 上方文字，重複的部分在哪裡？
請寫下那3個字。

答案

★ 上方文字，可以壓縮成「角落4小夥伴」來表示。
下方文字也試著一起壓縮看看。

最愛角落角落

答案

●保持不變

角落小夥伴們正在玩傾斜遊戲。
角落小夥伴們歪掉了，請伸手按一下，把他轉回來。

要幫他轉回橫躺，要伸手按哪邊☐呢？
在手按的方位，請塗滿☐。

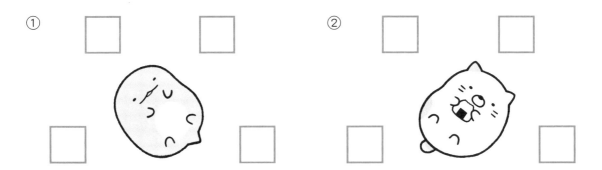

① ②

月　日
分
完成了
貼紙

1 請在重複指令的文字或記號前面，
寫下重複的次數。

「↓↓↓」壓縮成「3↓」。下一個指令也試著壓縮看看。

1 小題 10 分（20 分）

① ↑ ↑ ↑ ➡ ➡　　　答案

② ↓ ↓ ➡ ➡ ➡ ↑ ↑　　　答案

2 格子空地上，角落小夥伴們四散各地。

1 小題 10 分（20 分）

為了可以見到其他角落小夥伴們，請設定移動方的指令。

「↓↓↓」壓縮成「3↓」，縮短指令。

但是，■與角落小夥伴所在處的格子，都無法通行。

※方向不是依角落小夥
　伴看到的方向決定，
　而是要寫下你看到的
　方向。

〈例〉 想要去找 ，請寫下短版指令。

蜥蜴　　　　　　　貓

答案

① 想要去找 想要去找 ，請寫下短版指令。

貓　　　　　　　白熊

答案

② 想要去找 ，請寫下短版指令。

企鵝？　　　　　炸豬排

答案

3 格子空地上，角落小夥伴們四散各地。

為了可以見到其他角落小夥伴，請設定移動方的指令。

「⬇⬇⬇」壓縮成「3⬇」，縮短指令。

但是，■與有角落小夥伴在的格子都無法通行。

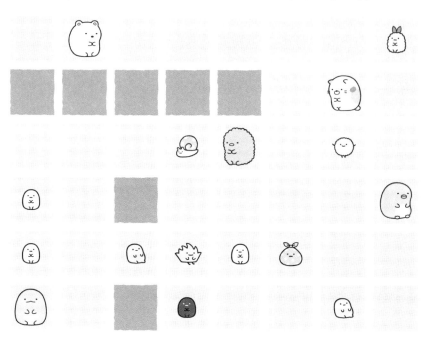

※方向不是依角落小夥伴看到的方向決定，而是要寫下你看到的方向。

① 想要去找 ，請寫下短版指令。

白熊　　　　　　裹布

答案　□

② 想要去找 貓，請寫下短版指令。

雜草　　　　　　貓

答案　□

③ 想要去找 偽蝸牛，請寫下短版指令。

蜥蜴　　　　　　偽蝸牛

答案　□

④ 想要去找 炸蝦尾，請寫下短版指令。

炸豬排　　　　　炸蝦尾

答案　□

月　日

分

完成了

貼紙

1 下方文字有2個字異常重複，請將有重複出現的字全部刪除。
刪除後剩下什麼字？

1 小題 20 分（80 分）

〈例〉 大海蜥大海大海蜴大海　　　答案 蜥蜴

① 大火大火炸大火豬大火排大火

答案

② 黑夜白天貓黑夜白天黑夜白天

答案

③ 貓咪裹貓咪布貓咪貓咪

答案

④ 雪花飛雪花星星塵星星星星

提示
在天空放光明的東西
和從天而降的東西
重複了喔。

答案

2 角落小夥伴們，收到一封信。請刪除重複出現的字詞組，數一數刪除後剩下幾組字詞？ **20分**

今天 大家 一起 去 蜥蜴 的 家 玩。

去 蜥蜴 的 家 途中 有 棵 大大的 蘋果 樹。

想 送 蘋果 給 最愛的 蜥蜴。

摘下 大大的 紅色的 果實。

好朋友 到 蜥蜴 的 家 玩。

好朋友 送 蜥蜴 大大的 甜點

加入 紅色的 蘋果 果實。

大家 一起 吃掉它。

甜點 是 蜥蜴 最愛的 魚型。

答案 _____ 組

17 保持不變

月　日

完成了
貼紙

分

1 角落小夥伴們搭船去旅行。
船必須要朝北方（上方）前進。

1 小題 10 分（20 分）

①白熊注意到船往右偏了。
　為了往北方（上方）前進，船舵應該往哪邊轉動呢？

②白熊注意到船往左偏了。
　為了往北方（上方）前進，船舵應該往哪邊轉動呢？

左　　　　右

答案　①　□

②　□

※不會寫的字可以寫注音。

2 角落小夥伴們來到溫泉。為了維持溫泉暖呼呼的溫度，
溫泉溫度下降時，就會加入熱溫泉水。
請見下方溫泉溫度圖表，
找一找加熱溫泉水的時間點。
全部都要寫出來喔。

一大題 50 分

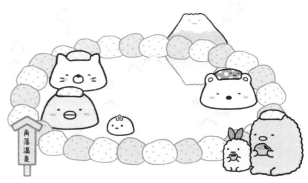

溫度

熱

①　③　⑤

暖呼呼

不～熱

②　④　⑥

答案　□

3 咖啡廳裡，粉圓把飲料或餐點放在托盤上送餐。

將飲料或餐點依 ➡ 方向放在托盤上時，

應該如何施力調整托盤平衡才對呢？

請圈出正確的 ➡。

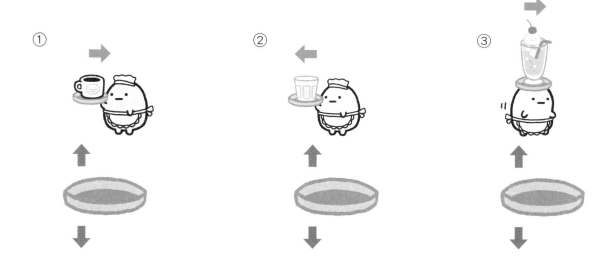

① ② ③

在電腦上練習程式編寫「保持不變」吧！

「保持不變」指令畫面

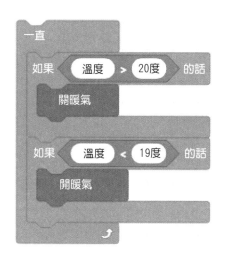

「保持不變」的指令，與「控制」相似。像是「如果○○的話～」、「如果不是○○的話～」，設定溫度、速度的數值等條件，之後的動作（指令）會不同。

※Scratch畫面為示意圖。

設定暗號

電腦會讀取數字，再以文字或圖片形式顯示出來。如果反著做，將文字或圖片轉換為數字，就好像在設定暗號。

文字或圖片轉化成數字

文字和圖片無法保持原形保存在電腦裡。需要轉化成數字才能紀錄下來。通電「1」與不通電「0」。1的信號就塗黑，0的信號就不塗。透過精細的組合，不只能記錄文字或圖片，還可以將電信號輸送到遠處。

傳真也是一種電信號

比較容易想像的是傳真。電話接收到傳真時，會先發出「嗶一」的高音，接著傳來「喀一」的低音。其實高音是表達「1」，而低音表達的是「0」。傳送的文字或圖片切割成細項，轉化成「1」和「0」的信號，傳送到收件方。

「編碼」與「解碼」

圖片或文字轉化成信號，稱作「編碼（encode）」。接收傳真的話，則是將「1」和「0」的信號分類成要塗黑或不塗黑，還原成文字或圖片。這就稱作「解碼（decode）」。電腦也是像這樣紀錄或傳送資料的。

程式編寫練習

透過「1」與「0」的差異，決定每一格要呈現黑或白，反之，文字或圖片改以數字呈現，就能將資訊數位化。角落小夥伴的五十音暗號很可愛，所以應該可以玩得很開心。和家長或朋友一起創作新的問題，重複玩也可以喔。

在接下來的練習題中，練習「設定暗號」吧！

●設定暗號

★ 將數字轉換成圖片。下方格子中,「0」的地方什麼都不做。
左圖和右圖的格子互相對應「1」的地方塗黑。會完成什麼圖片呢?

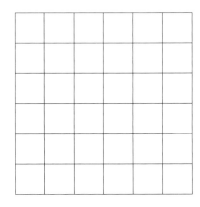

0	0	1	1	0	0
0	0	1	1	0	0
1	1	1	1	1	1
1	1	1	1	1	1
0	0	1	1	0	0
0	0	1	1	0	0

答案

★ 將數字轉換成圖片。左方的數字對應著右方的格子。
「0」的地方什麼都不做,「1」的地方塗黑。
會完成什麼圖片呢?

0, 0, 0, 1, 0, 0, 0

0, 0, 1, 1, 1, 0, 0

0, 1, 1, 1, 1, 1, 0

1, 1, 1, 1, 1, 1, 1

0, 0, 1, 1, 1, 0, 0

0, 0, 1, 1, 1, 0, 0

0, 0, 1, 1, 1, 0, 0

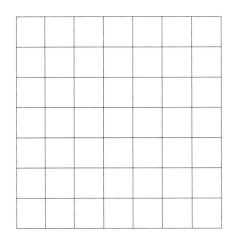

答案

18 設定暗號①

1 根據規則,把格子塗黑吧!

1 小題 12 分 (36 分)

規則
- 從左上的格子開始,往右塗。
- 第一個數字顯示的是不要塗黑的格數。
  下一個數字是要塗黑的格數。以此類推重複這個作業。
- 格子右方沒有新格子時,請往下一行最左邊的格子繼續計算。

〈例〉

2, 5, 1, 4, 2, 3, 6, 2

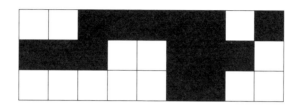

① 3, 3, 3, 3, 3, 3, 3, 3

② 1, 1, 1, 3, 1, 1, 1, 2, 2, 1, 2, 2, 2, 5

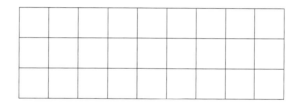

③ 4, 1, 2, 1, 1, 3, 2, 1, 2, 5, 2, 1, 2, 5, 2, 1

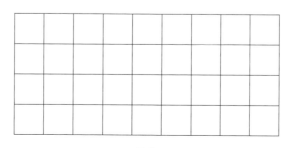

根據規則，把格子塗黑吧！

規則
●從左上的格子開始，往右塗。
●第一個數字顯示的是不要塗黑的格數。
　下一個數字是要塗黑的格數。以此類推重複這個作業。
●格子右方沒有新格子時，請往下一行最左邊的格子繼續計算。

①

5, 3, 5, 3, 9, 1, 3, 1, 3, 1, 3, 1, 9,
1, 3, 3, 3, 1, 11, 1, 1, 1, 3, 1, 1, 1,
13, 1, 1, 3, 1, 1, 13, 1, 7, 1, 11, 1,
9, 1, 9, 1, 11, 1, 7, 1, 13, 1, 5, 1,
4, 1, 5, 1, 4, 1, 3, 1, 17, 1, 2, 1, 7,
3, 7, 1, 1, 1, 19, 2, 19, 2, 19, 1,
1, 1, 17, 1, 2, 1, 17, 1, 3, 1, 15, 1,
5, 1, 13, 1, 7, 13

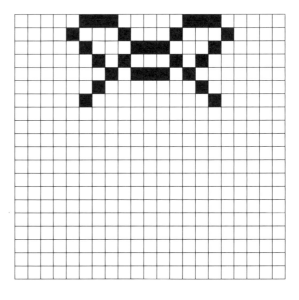

※確認一下上方 6 行對不對，
　再接著往下塗吧！

②

10, 8, 15, 1, 8, 1, 13, 1, 10, 1,
11, 1, 12, 1, 9, 1, 14, 1, 8, 1, 14,
1, 7, 1, 6, 4, 6, 1, 6, 1, 5, 1, 4, 1, 5,
1, 7, 1, 3, 1, 5, 1, 5, 1, 2, 2, 1, 3, 3,
1, 4, 1, 5, 1, 2, 1, 1, 1, 1, 1, 1, 1, 3,
1, 10, 1, 2, 1, 1, 3, 2, 1, 3, 1, 8, 1,
3, 1, 7, 1, 3, 1, 6, 1, 4, 1, 1, 1, 2, 1,
3, 2, 2, 1, 4, 1, 5, 1, 10, 10, 3, 1,
2, 2, 16, 1, 2, 1, 21, 1, 2, 1, 21,
1, 2, 21

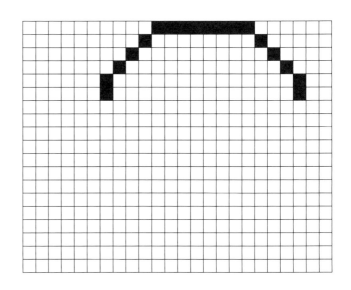

※確認一下上方 6 行對不對，
　再接著往下塗吧！

19 設定暗號②

1 把格子的圖形，根據規則寫成暗號吧！

1 小題 12 分（36 分）

規則
- 從左上的格子開始，往右計算。
- 一開始，先寫下白色的格子數。接著，寫下黑色的格子數。以此類推重複這個作業。
- 格子右方算到盡頭了，請往下一行最左邊的格子繼續。

〈例〉

答案　1, 3, 2, 6, 2, 3, 1, 2, 2, 3

①

答案

②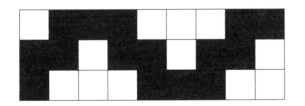

答案

③

答案

2 把格子的圖形，根據規則寫成暗號吧！

1 小題 32 分（64 分）

規則
- 從左上的格子開始，往右計算。
- 一開始，先寫下白色的格子數。接著，寫下黑色的格子數。
  以此類推重複這個作業。
- 格子右方算到盡頭了，請往下一行最左邊的格子繼續。

①

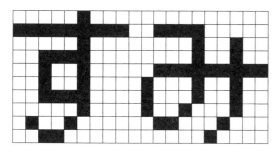

答案

②

答案

1 下方是角落小夥伴的可愛暗號表。右邊的角落小夥伴與上方 ａ１小題20分（40分）
的角落小小夥伴合在一起，呈現出「五十音」。

	わ	ら	や	ま	は	な	た	さ	か	あ	
	を	り		み	ひ	に	ち	し	き	い	
	ん	る	ゆ	む	ふ	ぬ	つ	す	く	う	
變成小字　下方文字		れ		め	へ	ね	て	せ	け	え	
		ろ	よ	も	ほ	の	と	そ	こ	お	

將下方暗號表示的日文字還原。

〈例〉  答案 `とけい`
　　　　　　　　　　　　　　　　　　　　　　　　※時鐘

① 答案
　　　　　　　　　　　　　　　　　　　　　　　　※蘋果

②  答案
　　　　　　　　　　　　　　　　　　　　　　　　※一起玩吧

② 對照著上一頁的暗號表，將下方的組合還原成暗號。

一起來畫角落小夥伴暗號吧。

1 小題 20 分（60 分）

① いえ
※家

答案

② ねこ
※貓

答案

③ とかげ
※蜥蜴

答案

在電腦上練習程式編寫「設定暗號」吧！

編碼的指令畫面

```
重複直到  格數 = 0
  看下一個顏色
  寫下白色格數
  看下一個顏色
  寫下黑色格數
```

解碼的指令畫面

```
重複直到  數字 = 0
  讀下一個數字
  將那個數字反白
  讀下一個數字
  將那個數字反黑
```

編碼就是把圖片或文字轉換成數字。把白色的數量和黑色的數量數出來，直到數完為止。

解碼則是將數字轉換成圖片或文字。將數字分成黑或白，直到全部數字都轉換完成。

64

※Scratch畫面為示意圖。

以二進位計算

日常生活中，我們使用「十進位制 (decimal)」。「9」之後是「10」，往上提一位。電腦只使用「0」「1」兩個數字，採用「二進位制 (binary)」。

十進位與二進位

電腦是依通電為「1」，不通電為「0」兩個數字運作。所以，計算法也是以「1」與「0」運作。0 是「0」，1 是「1」，但是不使用 2，達到 2 就進位為「10」。3 是「11」，4 再進位為「100」。雖然只有兩個數字，但和日常慣用的十進位制很不同，要好好熟悉才行。

與十進位的差異

二進位制中，19 是「10011」；20 是「10100」，位數雖然變多了，數字卻只有「1」和「0」組合，所以計算變得更簡單。因此，使用電腦或是計算機，雖然輸入十進位制，但是內部運算卻是二進位制，再轉換成十進位制顯現在畫面上。

用右手輔助學習

在二進位制中，每個位元所在的位置都有不同的權重。這些權重從右至左，分別為 1，2，4，8，16。比方說，「00110」計算中指與食指的數量。因為「00110」4 的權重與 2 的權重加總成為 6。

程式編寫練習

一邊看著角落小夥伴的明星卡，熟悉「正面是 1」；「背面是 0」的思考法。另外請了解：十進位制的 100 中，1 所在處是百位，所以成為「100」。1 放在哪個位數都具權重（請參考左圖的手圖）。二進位制也如同十進位制，可以算加法或減法。

在接下來的練習題中，練習「以二進位計算」吧！

●二進位的計算

下方是明星卡。

看得到角色的是正面「1」。

看不到角色的是背面「0」。

依照排列順序，請依序寫下「1」或「0」。

〈例〉

   　答案

| 1 0 1 0 |

   　答案

| |

   　答案

| |

   　答案

| |

1 粉圓的明星卡依下方順序固定排列。

1 小題 10 分（20 分）

〈例〉

「01010」的話，正面可以看到的粉圓一共有幾個？

0　　　　1　　　　0　　　　1　　　　0

答案 10

① 「01110」的話，正面可以看到的粉圓一共有幾個？

0　　　　1　　　　1　　　　1　　　　0

答案

② 「10111」的話，正面可以看到的粉圓一共有幾個？

1　　　　0　　　　1　　　　1　　　　1

答案

2 粉圓的明星卡依下方順序，固定排列。

「1」代表看得到角色的正面。

「0」代表看得到角色的背面。

1 小題 20 分（80 分）

① 「１０１０１」的話，正面可以看到的粉圓一共有幾個？。

答案

② 「１１１０１」的話，正面可以看到的粉圓一共有幾個？

答案

③ 「１１１１０」的話，正面可以看到的粉圓一共有幾個？

答案

④ 「１０１１０」的話，正面可以看到的粉圓一共有幾個？

答案

月　日

分

完成了
貼紙

1 平常使用的十進位中，以「328」為例，「100有^①□個。10有^②□個，1有^③□個」。請填上正確的數字。

1 小題 5 分（15 分）

※表面上是數字「3」「2」「8」，
　但是其中隱藏著100、10及1。

① ② ③

答案 □ □ □

2 在十進位中，隱藏著100、10，而二進位則隱藏著2。

1 小題 20 分（40 分）

16（2有8個）　　8（2有4個）　　4（2有2個）　　2（2有1個）　　1

〈例〉　「1」在二進位中，5位數表示為「00001」。

「2」在二進位中，5位數表示為「00010」。

那麼「3」要如何表示呢？

提示是「3＝2＋1」。

答案　　00011

① 「5」在二進位中，以5位數表示為何？

提示是「5＝4＋1」。

答案 _____

② 「7」在二進位中，以5位數表示為何？

提示是「7＝4＋2＋1」。

答案 _____

以二進位表示，由1到10的數字，如下顯示：1（00001）、2（00010）、3（00011）、4（00100）、5（00101）、6（00110）、7（00111）、8（01000）、9（01001）10（01010）。

3 無論是二進位或十進位，各自位數上的「1」，根據其位數都有其權重。

1 小題 15 分（45 分）

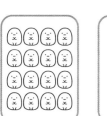

| 16 (2有8個) | 8 (2有4個) | 4 (2有2個) | 2 (2有1個) | 1 |

〈例〉 「10010」如果以十進位表示，就是「16」與「2」，也就是「18」。

「10100」如果以十進位表示，是多少？

答案 | 20

① 「01011」如果以十進位表示，是多少？

提示 表示出的是「8」「2」「1」。

答案

② 「11010」如果以十進位表示，是多少？

提示 表示出的是「16」「8」「2」。

答案

③ 「01110」如果以十進位表示，是多少？

答案

二進位的加法與減法

以二進位表示1到10的數字，就是1（00001）、2（00010）、3（00011）、4（00100）、
5（00101）、6（00110）、7（00111）、8（01000）、9（01001）10（01010）。

二進位的加法與減法，與小學2年級生會學到的算式概念相同，同學們可以順利計算出來。

2＋6

	0	0	0	1	0
＋	0	0	1	1	0
	0	1	0	0	0

加總是2，所以往前進1位數。

進一位，加起來又是2，再往前進1位數。

答案是8。

1 0－6

	0	1	0	1	0
－	0	0	1	1	0
	0	0	1	0	0

不夠減時，向前一位數借1，還原成2。

答案是4。

1 二進位的加法

1 小題 5 分（30 分）

① 1＋2

	0	0	0	0	1
＋	0	0	0	1	0

② 2＋4

	0	0	0	1	0
＋	0	0	1	0	0

③ 2＋3

	0	0	0	1	0
＋	0	0	0	1	1

④ 4＋5

	0	0	1	0	0
＋	0	0	1	0	1

⑤ 3＋4

＋					

⑥ 1＋9

＋					

以二進位表示，由1到10的數字，如下顯示：1（00001）、2（00010）、3（00011）、4（00100）、5（00101）、6（00110）、7（00111）、8（01000）、9（01001）10（01010）。

2 二進位的減法

1 小題 5 分（30 分）

① 3－2

```
  0 0 0 1 1
－ 0 0 0 1 0
───────────
```

② 9－1

```
  0 1 0 0 1
－ 0 0 0 0 1
───────────
```

③ 4－2

```
  0 0 1 0 0
－ 0 0 0 1 0
───────────
```

④ 10－4

```
  0 1 0 1 0
－ 0 0 1 0 0
───────────
```
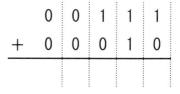

⑤ 7－5

```
－
```

⑥ 10－1

```
－
```

3 二進位，有點難的加法與減法。

1 小題 10 分（40 分）

① 3＋3

```
  0 0 0 1 1
＋ 0 0 0 1 1
───────────
```

② 7＋2

```
  0 0 1 1 1
＋ 0 0 0 1 0
───────────
```

③ 8－1

```
  0 1 0 0 0
－ 0 0 0 0 1
───────────
```

④ 10－7

```
  0 1 0 1 0
－ 0 0 1 1 1
───────────
```

月　日

分

完成了
貼紙

1 設定分配小點心的指令。由左而右依序分配。
空格處請填入正確的指令。

1 小題 10 分（40 分）

①

分配巧克力。
分配巧克力。
分配巧克力。
分配巧克力。
分配巧克力。

② 上面的分配法，也可選擇另一種不同的指令。

重複 □ 次。
分配巧克力。

③ 彈珠汽水出現時，設定「不分配」的指令。

分配巧克力。
不分配。
分配巧克力。
分配巧克力。

④ 上面的分配法，也可選擇另一種不同的指令。

重複 □ 次。
分配巧克力。
不分配。

② 執行分配小點心的指令。由左而右依序分配。 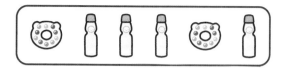 空格處請填入正確的指令。

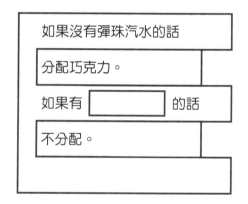 **1 小題 20 分（60 分）**

① 彈珠汽水出現時，設定「不分配」的指令。

分配巧克力。
不分配。
分配巧克力。

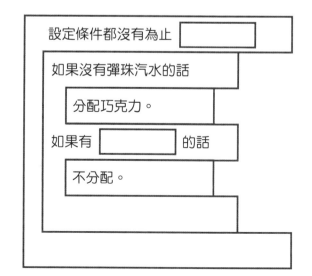

② 以有沒有彈珠汽水來設定指令。

就算小點心的排列順序改變了，也能以相同指令分配。

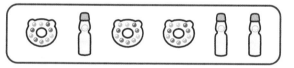

如果沒有彈珠汽水的話
分配巧克力。
如果有 ☐ 的話
不分配。

③ 依有沒有彈珠汽水，設定條件
重複指令。

設定條件都沒有為止 ☐
如果沒有彈珠汽水的話
分配巧克力。
如果有 ☐ 的話
不分配。

25 總複習②

1 格子空地上，角落小夥伴四散各地。

為了找到同伴們，請替移動方下指令。

重複的指令，在箭頭前寫上重複的次數，

例如：「3 ↑」「2 ➡」這樣精簡的指令。

但是、深灰色 ■ 的格子與有人在的格子不准進入。

1 小題 10 分（40 分）

※方向不是依角落小夥伴看到的方向決定，而是要寫下你看到的方向。

① 想要去找 ，請寫下短版指令。

白熊　　　　　　貓

答案

② 想要去找 ，請寫下短版指令。

蜥蜴　　　　　　企鵝？

答案

③ 想要去找 ，請寫下短版指令。

炸豬排　　　　　蜥蜴

答案

④ 想要去找 ，請寫下短版指令。

貓　　　　　　　炸豬排

答案

2 粉圓的明星卡依下方順序排列。

看到角色的是正面的「1」；看不到角色的是背面「0」。

① 「1 1 0 0 1」的話，正面可以看到的粉圓一共有幾個？

答案 ☐

筆記

以二進位表示，由1到10的數字，如下顯示：1（00001）、2（00010）、3（00011）、4（00100）、5（00101）、
6（00110）、7（00111）、8（01000）、9（01001）10（01010）。

3 二進位的加法與減法。

① 3＋2

```
    0 0 0 1 1
+   0 0 0 1 0
─────────────
```

② 6－2

```
    0 0 1 1 0
－   0 0 0 1 0
─────────────
```

③ 4＋2

```
    0 0 1 0 0
+   0 0 0 1 0
─────────────
```

④ 10－8

```
    0 1 0 1 0
－   0 1 0 0 0
─────────────
```

⑤ 7＋3

```
+
─────────────
```
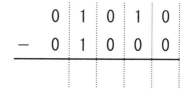

⑥ 10－3

```
－
─────────────
```

 解 答

※不會寫的字，可以寫注音。

練習題　順序　第6頁

①企鵝？→貓→白熊

②貓→蜥蜴→炸豬排

③炸豬排→白熊→蜥蜴→貓→企鵝？

1　順序①　第7、8頁

1 （由上而下）紅蘿蔔、烤鮭魚、柳橙汁、
收銀台、出口

2 ①（由上而下）前進。　前進。
　　　前進。　前進。　前進。
②（由上而下）前進。　左轉。　前進。

2　順序②　第9、10頁

1 （由上而下）前進。　前進。
前進。　左轉。　前進。
前進。　前進。

2 Ⓑ　　3 Ⓐ

練習題　重複　第12頁

黃色

3　重複①　第13、14頁

1 ③　　2 ⑤　　3 ③　　4 ②

4　重複②　第15、16頁

1 3

2 （由上而下）
前進。　左轉。　前進。

3 ①

練習題　判斷　第18頁

ⓒ

5　判斷①　第19、20頁

1 ①Ⓐ　②Ⓐ　　2 ①Ⓒ　②Ⓑ　③Ⓓ　④Ⓐ

6　判斷②　第21、22頁

1 ①○　②✕　③△　④✕　⑤△　⑥✕

2 貓

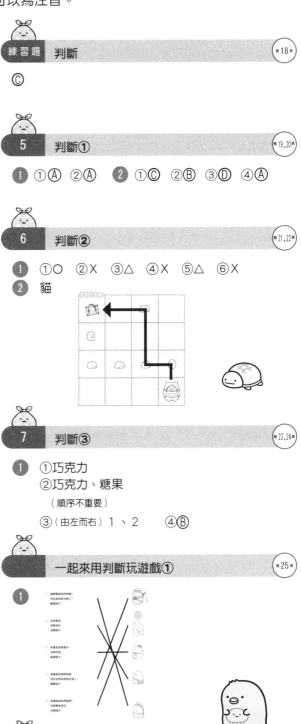

7　判斷③　第23、24頁

1 ①巧克力
②巧克力、糖果
（順序不重要）
③（由左而右）1、2　　④Ⓑ

一起來用判斷玩遊戲①　第25頁

1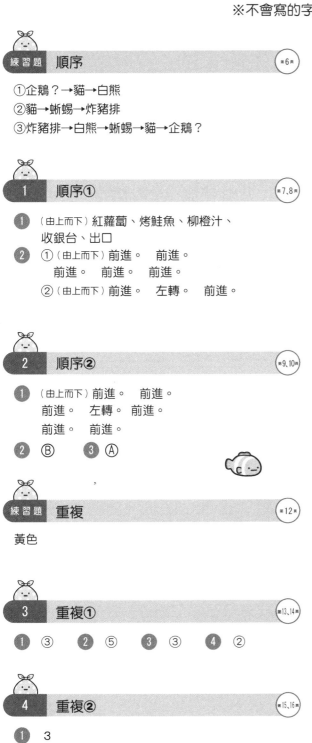

一起來用判斷玩遊戲②　第26頁

無特定答案。

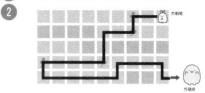

練習題　時序　第28頁

① 整理地板　② 使用吸塵器
③ 等飛塵落下來
④ 用抹布擦地板

※「一開吸塵器，飛塵就四處飛舞」是重點。使用吸塵器先把大垃圾吸乾淨，再等飛塵落下來，再用抹布擦擦拭乾淨。一開始加入「整理地板」。雖然沒有說明，但是仔細想想就會明白了。

8　時序①　第29、30頁

1　Ⓑ∙Ⓓ　　2　Ⓑ∙Ⓒ

※想一想對方的動作不結束，自己的動作就無法開始的點在哪裡。

3　①Ⓑ　　②Ⓒ　　③（由左而右）Ⓒ、Ⓐ、Ⓑ

9　時序②　第31、32頁

1　貓（由上而下）廣場、廣場、等待、
　廣場、起步走、重複
　企鵝？（由上而下）廣場、廣場、
　等待、廣場、起步走、重複

2　①（由左而右）1、3
　②（由左而右）2、3

※一邊數「1、2……」，一手指角落小夥伴，一手指粉圓，每過1秒，手指就移動一格。

練習題　演算法　第34頁

（由上而下）9、5

10　演算法①　第35、36頁

1　3
2　5
3

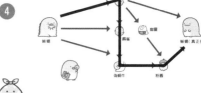

4
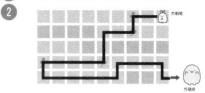

11　演算法②　第37、38頁

1　右右右右右右右右右下左左左下下右下右右右右下
2

3

12　演算法③　第39~41頁

1　①貓　②炸蝦尾
　③貓　④炸蝦尾

2　①（由左而右）飛塵、雜草、蜥蜴
　②（由左而右）炸竹筴魚尾巴、炸豬排與炸蝦尾、
　　企鵝？與貓
　③（依序）飛塵、雜草、
　　炸竹筴魚尾巴、蜥蜴、
　　炸豬排與炸蝦尾、企鵝？與貓

一起來玩演算法！　第42頁

蔬菜配菜　①、⑬、⑭、⑰
調味料　③、⑪、⑫、⑮
紅色配菜　⑥、⑧、⑬、⑰
不能吃的東西　⑨、⑱
魚類配菜　④、⑯
飯糰　⑤、⑦
蛋類配菜　②、⑩
（順序無關）

練習題　有條件的重複　第44頁

②、④、⑦　（順序無關）

13　有條件的重複①

1　（由上而下）
裝滿籃子、重複、裝滿籃子

2　（由上而下）
籃子裡裝10顆蘋果、重複、
籃子裡裝10顆蘋果、停止

14　有條件的重複②

1　②、③　　2　②、③　　3　②、④
4　④　　5　①、③　（數字順序不拘）

練習題　壓縮

（由上而下）小夥伴　　最愛2角落

練習題　保持不變

①　　　　　　　　　②

15　壓縮①

1　①3↑2→　②2↓3→2↑
2　①2↑4←　②2→2↑
3　①4→4↓　②↑2→2↑→
　　③→3↑2→　④→2↑2→

16　壓縮②

1　①炸豬排　②貓　③裹布　④飛塵
2　28

17　保持不變

1　①左　②右
2　②、④、⑥　（順序不拘）

3　①　　②　　③

練習題　設定暗號

十、十字、加號、加、十字架等。
※只要塗對了，答案是哪一個都可以。

樹、箭頭、家等。
※只要塗對了，答案是哪一個都可以。

18　設定暗號①

1　①　　②
　　③

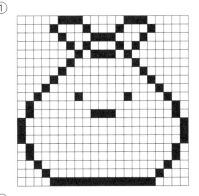

2　①

②

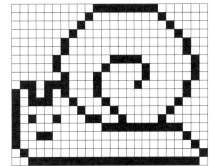

19 設定暗號②

（第61、62頁）

① ①1、1、3、1、2、4、1、3、1、1、1、1、3、1、2、1
②1、3、3、4、1、2、1、2、1、1、3、3
※最後加入2也可以。
③2、1、5、1、1、3、3、7、1、3、1、3、3、2、2、1、5、1

② ①10、5、18、2、5、2、15、1、9、1、13、1、11、1、11、
1、13、1、9、1、15、1、8、1、3、1、7、1、3、1、7、1、17、
1、6、1、6、5、6、1、5、1、19、1、4、1、19、1、3、1、6、9、
6、1、2、1、6、9、6、1、1、1、7、9、7、2、7、9、7、2、7、9、
7、2、7、9、7、1、1、1、6、9、6、1、3、2、4、9、4、2、6、17
※最後加入 4 也可以
②5、1、14、9、2、4、10、1、8、1、2、1、4、8、1、2、1、
4、1、2、1、5、9、2、1、2、1、4、1、3、1、2、1、4、4、4、1、
3、1、2、1、7、1、4、1、2、1、3、1、3、1、2、1、6、2、3、1、
5、2、11、1
※最後加入 4 也可以

20 設定暗號③

（第63、64頁）

① ①りんご（蘋果） ②あそぼう（一起玩吧）

② ①

②

③

練習題 以二進位計算

（第 66 頁）

（由上而下）0 0 1 1、1 0 1 1、1 0 0 1

21 以二進位計算①

（第67、68頁）

① ①14 ②23
② ①21 ②29 ③30 ④22

22 以二進位計算②

（第69、70頁）

① ①3 ②2 ③8
② ①0 0 1 0 1 ②0 0 1 1 1
③ ①11 ②26 ③14

23 以二進位計算③

（第71、72頁）

① ①0 0 0 1 1 ②0 0 1 1 0
③0 0 1 0 1 ④0 1 0 0 1
⑤

	0	0	0	1	1
+	0	0	1	0	0
	0	0	1	1	1

⑥

	0	0	0	0	1
+	0	1	0	0	1
	0	1	0	1	0

② ①0 0 0 0 1 ②0 1 0 0 0
③0 0 0 1 0 ④0 0 1 1 0
⑤

	0	0	1	1	1
−	0	0	1	0	1
	0	0	0	1	0

⑥

	0	1	0	1	0
−	0	0	0	0	1
	0	1	0	0	1

③ ①0 0 1 1 0 ②0 1 0 0 1
③0 0 1 1 1 ④0 0 0 1 1

24 總複習①

（第73、74頁）

① ①分配巧克力。 ②6
③（由上而下）不分配。不分配。
④3
② ①（由上而下）不分配。
不分配。不分配。
②彈珠汽水
③（由上而下）分配。（也可以寫「繼續。」）
彈珠汽水

25 總複習②

（第75、76頁）

① ①2←2↓ ②3→2↓←
③3→3↑3← ④↑2←↓3←
② ①25
③ ①0 0 1 0 1 ②0 0 1 0 0
③0 0 1 1 0 ④0 0 0 1 0
⑤

	0	0	1	1	1
+	0	0	0	1	1
	0	1	0	1	0

⑥

	0	1	0	1	0
−	0	0	0	1	1
	0	0	1	1	1

※ 舉例來說，十進位的 3，在二進位裡
是「11」，利用卡片的正反面或手指
計算法等，學會「1」（通電）、「0」
（不通電），以「00011」表示。